1

Das Buch

Als die Pandemie erfunden wurde, hatte man vielerorts die Liebe vergessen. Dabei ist die Liebe die einzige, die unsere Existenz und unser Fortbestehen sichert. Liebe ist ohne Anfang und ohne Ende, Liebe ist Barmherzigkeit, Liebe ist Berührung, Liebe ist Empathie, Liebe ist Freude, Liebe ist Frieden, Liebe ist Fülle, Liebe ist Gefühl, Liebe ist Heilung, Liebe ist Harmonie, Liebe ist Leidenschaft, Liebe ist Magie, Liebe ist Mut, Liebe ist Nähe, Liebe ist Sinnlichkeit, Liebe ist Vertrauen, Liebe ist Wärme, Liebe ist , Liebe ist all das, was das Leben lebenswert macht.

Einhundert Gedichte von März bis November 2020 sollen von der Liebe erzählen, daran erinnern, dass es noch etwas anderes gibt als die Angst vor einem Virus. Lieben wir, dann leben wir. Im Vertrauen auf die Liebe gibt es keine Angst. Erst wenn wir keine Angst mehr vor dem Leben haben, haben wir auch keine Angst mehr vor dem Tod.

Der Autor

Roland Pöllnitz, Jahrgang 1958, hat es geschafft. Ein Drittel seines Lebens hat sich der Autor der Poesie verschrieben, das zweite Drittel dem Reisen und dem Ganzen der Liebe. Rastlos trieb es ihn vorwärts, vielseitig waren die Erfahrungen als Bauer, Bauarbeiter, Brauer, Designer, Fotograf, Gärtner, Gleisarbeiter, Programmierer, Ingenieur, Techniker, Unternehmer, Wirt, Ehemann, Vater und Großvater. Immer wieder sammelte er Impressionen und Inspirationen. Was Wunder, dass die Liebe Dreh- und Angelpunkt in seinem literarischen Schaffen wurde.

ROLAND PÖLLNITZ

EINHUNDERT PANDEMISCHE LIEBESGEDICHTE

Books on Demand

1. Auflage 2020
© Roland Pöllnitz & www.pöllnitz.eu
© Umschlaggestaltung Roland Pöllnitz
Herstellung und Verlag: BoD – Books on Demand, Norderstedt
ISBN 9783752661934

Vorwort

Als die Pandemie erfunden wurde, hatte man vielerorts die Liebe vergessen. Dabei ist die Liebe die einzige, die unsere Existenz und unser Fortbestehen sichert. Liebe ist ohne Anfang und ohne Ende, Liebe ist Barmherzigkeit, Liebe ist Berührung, Liebe ist Empathie, Liebe ist Freude, Liebe ist Frieden, Liebe ist Fülle, Liebe ist Gefühl, Liebe ist Heilung, Liebe ist Harmonie, Liebe ist Leidenschaft, Liebe ist Magie, Liebe ist Mut, Liebe ist Nähe, Liebe ist Sinnlichkeit, Liebe ist Vertrauen, Liebe ist Wärme, Liebe ist , Liebe ist all das, was das Leben lebenswert macht.

Einhundert Gedichte von März bis November 2020 sollen von der Liebe erzählen, daran erinnern, dass es noch etwas anderes gibt als die Angst vor einem Virus. Lieben wir, dann leben wir. Im Vertrauen auf die Liebe gibt es keine Angst. Erst wenn wir keine Angst mehr vor dem Leben haben, haben wir auch keine Angst mehr vor dem Tod.

in Liebe
Roland

Ihr fehlt mir sehr

Ihr fehlt mir sehr, ihr lieben Menschen,
ihr fehlt mir alle wirklich sehr,
ich fühl mich einsam und verlassen
so wie ein Boot im weiten Meer.

Ihr fehlt mir sehr, ihr lieben Freunde,
seit Wochen bin ich ganz allein,
ich führe nur noch Selbstgespräche
und möchte nicht mehr einsam sein.

Ihr fehlt mir sehr, ihr lieben Gäste,
die Trennung ist so selbst gemacht,
ein Virus lässt sich nicht besiegen,
wer hat den Unsinn ausgedacht?

Ihr fehlt mir sehr, ihr lieben Menschen,
die Einzelhaft macht uns nur krank,
der Mensch ist ein soziales Wesen,
der braucht Umarmung, Gott sei Dank.

Heilgebet

Harmonie und wahre Liebe
fließen tief in dich hinein,
sie berühren dich im Herzen
und dein ganzes Seelensein.

Spürst du deine wahren Kräfte
und die Wärme meiner Hand,
wie sie sich für dich verbinden,
bis dich Heilung übermannt.

Dieses Wunder der Genesung
trägt dich aufwärts Stück für Stück,
erst verlierst du deine Ängste,
dann gewinnst du neues Glück.

Schenke ich dir meine Liebe,
bin ich nah dir oder fern,
Liebe hat die größte Heilkraft,
denn sie sagt: Ich hab dich gern.

Geht ihr den Weg der Liebe

Geht ihr den Weg der Liebe,
seid ihr im Mitgefühl,
dann sprechen eure Herzen,
der Frieden ist am Ziel.

Geht ihr den Weg der Liebe,
seid ihr in Achtsamkeit,
wenn Wahrheiten sind viele,
die echte zeigt die Zeit.

Geht ihr den Weg der Liebe,
hört eurem Herzen zu,
erst wenn wir uns verstehen,
gibt unsre Seele Ruh.

Geht ihr den Weg der Liebe,
bis euer Geist erwacht,
die Menschheit ist so göttlich,
die Liebe eine Macht.

Du lichtes Wesen

Ich danke dir, du lichtes Wesen,
ich danke für ein warmes Wort,
das ich gehört und hab gelesen
an meinem fernen Heimatort.

Ich danke dir für Trost und Glauben,
ich danke für die Liebe dir,
du schickst mir Frieden mit den Tauben
und spendest Lebenselixier.

Ich danke dir, wie soll ich sagen,
wenn du hüllst mich mit Heilung ein,
ich habe noch so viele Fragen,
lass mich von dir behütet sein.

Ich danke dir, du lichtes Wesen,
du Zauberin mit rotem Haar,
lass mich an deinem Wort genesen,
du bist ganz einfach wunderbar.

Bis zur Ewigkeit

Ich denk an dich, du liebes Wesen,
ich denke an dich Tag und Nacht,
und wenn du für mich auserlesen,
dann kommst du sicher in Betracht.

Ich denk an dich in tiefer Liebe
und sehne mich nach dir so sehr,
wer sind denn diese Herzensdiebe,
die mich verletzen allzu schwer?

Ich denke an das süße Morgen
und freue mich auf jenen Tag,
wo beide wir bar aller Sorgen
bekräftigen den Kussvertrag,

wo wir uns lieben ohne Ende
und ewig wird die süße Zeit,
wir lauschen Versen von Allende
bis hin zur großen Ewigkeit.

Meine Tochter

Du Tochter der Berge,
du Lotosverwandte,
du Herz meiner Seele,
doch fast Unbekannte,
dein Lächeln manierlich,
so schön find ich dich.

Du Blume der Berge,
du leuchtende Sonne,
du Tochter des Mondes
und süßeste Wonne,
dein Zauber vorzüglich,
so schön find ich dich.

Du Zauber der Berge,
du Engel der Fülle,
du wertvoller Inhalt
in prächtiger Hülle,
du bist unvergleichlich,
so schön find ich dich.

Haus am Meer

Ich schweb auf Engelfedern
hinaus in Gottes Flur,
wo Jubellieder tönen
im Tempel der Natur.

Die Wesen sind voll Liebe
wie leuchtend Morgentau,
die Luft will uns liebkosen
von Blümchen auf der Au.

Die Sonne ist die Quelle
am hohen Firmament,
im Herzen kann ich spüren,
was man die Liebe nennt.

Von dort, wo Götter wohnen,
fließt Liebe zu mir her,
ich möchte darin wohnen
in einem Haus am Meer.

Maigrün

Ich ging durch die maigrünen Bäume,
wie schön war der Weg durch den Wald,
verspürte, das Glück meiner Träume
entfaltet sich sicher sehr bald.

Ich sah diese maigrünen Triebe
und atmete tief ihren Duft,
im Herzen empfand ich die Liebe,
die Liebe erfüllte die Luft.

Ich sah diese maigrünen Glocken,
sie läuteten Frieden uns ein,
ich war voller Glück von den Socken,
es könnte nicht schöner wohl sein.

Ich ging durch die maigrünen Bäume
und traf eine liebliche Maid,
im Glück meiner wildesten Träume
verbring ich mit ihr meine Zeit.

Waldspaziergang

Gib mir die Hand, ich geh mit dir
nun in den Wald spazieren,
dort fließt ein Bach im Grünquartier,
der wird uns amüsieren.

Schenk mir dein Ohr und höre zu,
wie Vögel musizieren,
hier finden Herz und Seele Ruh,
du kannst dich amüsieren.

Die Bäume stehen still und stumm,
die Wurzeln aber reden,
das ist ihr Therapeutikum,
das hilft doch einem jedem.

Ein Blümlein reckt sich auf zum Licht
mit zarten, lila Glocken,
ein jedes davon zu uns spricht,
es will uns zu ihm locken.

Gib mir die Hand, ich geh mit dir
nun aus dem Wald nach Hause,
ich schreibe Verse auf Papier,
danach folgt eine Pause.

Warum ist Nähe wichtig?

Alles Leben braucht die Nähe,
ohne Nähe wird es krank,
dich bei mir ganz nah zu wissen,
schenkt Vertrauen, Gott sei Dank.

Alles Leben braucht Berührung,
sie tut Leib und Seele gut,
denn sie schenkt uns Glücksgefühle,
schenkt dem Leben neuen Mut.

Alles Leben braucht Kontakte,
Liebe und Geborgenheit,
Nähe ist ein Grundbedürfnis
gestern, heute, alle Zeit.

Nähe schenkt uns Urvertrauen,
Nähe das ist Empathie,
Nähe ist so lebenswichtig,
Nähe schenkt uns Energie.

Verbundenheit

Ich trinke deinen heißen Atem
und spüre so dein tiefes Glück,
nun dringen in mich die Atome
von dir ganz einfach Stück für Stück.

Wir sind verbunden durch die Lüfte,
ob wir uns nahe oder fern,
denn diese kleinen Moleküle
durchdringen uns besonders gern.

Im Grunde sind wir längst verschmolzen,
auch wenn man daran gar nicht glaubt,
du kannst dich noch so separieren,
das Menschsein wird dir nicht geraubt.

Wer Glück teilt, wird das Glück erleben,
das Unglück schränkt die Freiheit ein,
wer selbstlos ist in den Gedanken,
der wird es auch in Taten sein.

Zärtlichkeit

Ich mag die Zärtlichkeit der Blicke,
die Quelle aller Harmonie,
ein Augenaufschlag voller Sehnsucht,
ein Leuchten voller Poesie.

Ich mag die Zärtlichkeit der Düfte,
das Blumige im Mondenschein,
das Himmlische der jungen Rosen,
das menschliche Zusammensein.

Ich mag die Zärtlichkeit der Worte,
das zarte Säuseln wie im Wind,
das leise Stöhnen voller Wonne,
wenn Mann und Frau zusammen sind.

Ich mag die Zärtlichkeit der Taten,
das sanfte Streicheln einer Hand,
die süße Küsse roter Lippen,
Vertrautheit im gelobten Land.

Tiefes Glück

Die Liebe kommt nicht aus dem Außen,
die Liebe ist ein Teil von mir,
sie ist mein Herz und meine Seele,
sie ist mein Lebenselixier.

Die Freiheit kommt nicht aus dem Außen,
die Freiheit steckt in meinem Ich,
erst werde ich mich selbst entdecken,
dann sage ich es öffentlich.

Der Frieden kommt nicht aus dem Außen,
will ich mit mir in Frieden sein,
dann finde ich in mir die Stille
und nehme sie in Augenschein.

Verstehen kommt nicht aus dem Außen,
man kann mich lehren, was man will,
erst wenn ich selber es begreife,
dann wird der Aufruhr in mir still.

Nur Mut! Fang an, dich zu entdecken,
geh in dich einfach Stück für Stück,
du findest dort, was alle suchen,
du findest dort dein tiefes Glück.

Seelenstreichler

Darf ich deine Seele streicheln,
streicheln sanft mit meiner Hand?
Spürt sie dieses zarte Kribbeln,
überall und fulminant?

Darf ich deine Seele streicheln,
streicheln sanft mit meinem Wort?
Lauscht sie gern den Zärtlichkeiten
überall an jedem Ort?

Darf ich deine Seele streicheln,
streicheln sanft mit meinem Blick?
Unsre Seelen sich umarmen
überall, das ist ihr Trick.

Darf ich deine Seele streicheln,
streicheln sanft mit meinem Duft?
Liebevoll heißt das Aroma,
überall weht zarter Luft.

Darf ich deine Seele streicheln,
streicheln, dass es ihr gefällt?
Stille ihre tiefe Sehnsucht
überall auf dieser Welt.

Du bist ein Engel

Du Engel bist aus Fleisch und Blut,
das möchte ich dir sagen,
du tust der ganzen Menschheit gut
in Nächten und an Tagen.

Du bist ein Wesen voller Licht,
erfüllt von Gottes Güte,
die Liebe ist's, die aus dir spricht,
die Schönheit einer Blüte.

Lass los den Schmerz, lass los das Leid
und mach dir keine Sorgen,
du Engel lebst nun in der Zeit,
nicht gestern und nicht morgen.

Dein Lieben ist bedingungslos
mit tiefen Emotionen,
das Gute wächst, wird riesig groß,
es weiß, es wird sich lohnen.

Es tut mir leid

Mein Wort hat dich so tief verwundet,
mein Satz war für dich wie ein Schwert,
ich hab die Achtsamkeit verloren
und fühle mich nicht liebenswert.

Gedanken driften auseinander,
die Wahrheit sucht noch ihren Weg,
die Ängste und die Freuden suchen
nach einem messbaren Beleg.

Du wandelst hier, ich wandle dorten,
ich seh nur Chaos in der Welt,
die Hoffnung auf das gute Ende
hast du dir lange vorgestellt.

In mir jedoch sind tiefe Ängste,
der Alb quält mich die ganze Nacht,
er hat den Frieden mir genommen,
ich höre, wie der Teufel lacht.

Wo ist denn nur mein Optimismus?
Wo ist mein ganzer Frohsinn hin?
Ich bin erregt und nicht im Frieden
und suche nach dem wahren Sinn.

Da kommt mein Wort hervor geschossen,
viel schneller als ich es gedacht,
es tut mir leid, ich wollt's nicht sagen,
Verzeihen liegt in deiner Macht.

Mami, ich hab dich lieb!

Die Mutter sitzt in ihrem Sessel
und liest vertieft in einem Buch,
ihr kleines Mädchen spielt mit Puppen,
als käme Oma zu Besuch.

Sie spielt mit fröhlichem Geplapper,
wie ich es oftmals schon beschrieb,
doch plötzlich läuft sie hin zur Mutter
und sagt ihr: »Ich hab dich so lieb.«

So spricht die Liebe aus dem Herzen,
so spricht die Liebe aus dem Kind,
so etwas kann man niemals kaufen,
so ehrlich nur die Kinder sind.

Die Liebe lässt sich nicht bezahlen,
ja, du bekommst sie nicht für Geld,
sie ist das höchste der Gefühle
in unsrer großen, weiten Welt.

Was mir gefällt

Liebe strahlt aus deinen Augen,
die mich zärtlich übermannt,
Leidenschaft in deinen Blicken
plötzlich greifst du meine Hand,

um sie dir ans Herz zu drücken,
deine Wärme ist mir nah,
süße wie Honig deine Lippen,
endlich sind sie für mich da!

Wie wir unter Sternen tanzen,
ganz wie ein verliebtes Paar,
spüre flammen ich dein Sehnen,
und mir wird so sonderbar,

bis wir uns harmonisieren
Eins in Eins in dieser Welt,
Liebe strahlt aus deinen Augen,
das ist, was mir so gefällt.

Traum und Wirklichkeit

Du legst dich hin und lässt dich fallen,
dann schließt du deine Augen zu,
der Zustand einer tiefen Stille
versenkt dein Dasein in die Ruh.

Du schwebst in den Unendlichkeiten,
bis dich ein leiser Schauer trifft,
es ist, als täte Gott berühren,
subtil erscheint sein süßes Gift.

Ein Kribbeln will sich sanft verbreiten,
erst konzentriert an einem Ort,
dann wird es deine Sinne dehnen,
geht tief ins Mark und führt dich fort.

Dir wird ganz heiß am ganzen Leibe,
es ist, als stiege Lava auf,
du spürst in dir ein großes Beben,
denn göttlich ist der Weltenlauf.

Dein Dasein ist entspannt und heiter,
die Liebe füllt den ganzen Raum,
der Zustand eines tiefen Friedens
ist einmal wirklich, einmal Traum.

Liebe macht schön

Ich stellte mir sehr oft die Frage:
wo kommt die wahre Schönheit her?
Die Liebe selbst hat sie erfunden,
wer liebt, empfindet Schönheit sehr.

Wie schön ist es, uns zu erkennen
in unsrer Einzigartigkeit,
wenn wir uns dann noch selber lieben,
gewinnen wir Gelassenheit.

Wer achtsam ist, erkennt das Schöne,
die Liebe ruft es in uns wach,
das große Herz lässt es erkennen
im Universum tausendfach.

Die Liebe macht uns schön und mutig,
die Liebe ändert unsern Blick,
die wahre Schönheit wächst aus Liebe,
das ist normal, kein Zaubertrick.

Glück ist unser Spiel

Unstillbar ist deine Sehnsucht,
die in deinen Augen ruht,
unlöschbar ist dieser Funke
nach dem Glück in seiner Glut.

Durst nach Glück und wahrer Freude
wohnt in uns, in jedermann,
dieser Durst, den alle spüren,
nur die Liebe löschen kann.

Nur die Liebe geht die Wege,
geht die Wege hin zum Glück,
hin zu einem tiefen Frieden
immer vorwärts nie zurück.

Gott ist Heimat aller Menschen,
er ist unser Sehnsuchtsziel,
Gott ist Liebe, wie wir wissen,
Glück ist einfach unser Spiel.

Feierlich

Mein Blick geht tief in deine Seele,
verliert sich dort im Meer,
ich spüre deine Liebe fluten
von dir zu mir hierher.

Du öffnest deine Liebesaura,
wir werden uns gewahr,
ich hab in dir mein Herz verloren,
wie schön, wie wunderbar.

Wir spüren, wie das wahre Leben
das Innerste erfüllt,
wenn wir auf Wolke sieben schweben,
uns Ewigkeit umhüllt.

Das Sein pulsiert nun in uns beiden,
es gibt kein du, kein ich,
wir sind zu einem Leib verschmolzen,
das ist so feierlich.

Du leuchtest

Du leuchtest, meine Göttin,
bist Balsam für mein Herz,
ich spüre deine Heilkraft,
du linderst tiefen Schmerz.

Du leuchtest, meine Göttin,
du strahlst wie eine Fee
und singst mir deine Lieder,
da fühl ich Sehnsuchtsweh.

Du leuchtest, meine Göttin,
türkis dein Licht und Gold,
allein nur deine Aura
erleuchtet wunderhold.

Du leuchtest, meine Göttin,
die Liebe aus dir spricht,
du schenkst mir deine Heilung,
du sendest mir das Licht.

Nichts ist schöner

Dein Herz ist meine Heimat,
ich tauche darin ein
und tanze mit dir Tango
im Abendsonnenschein.

Ich spüre deinen Rhythmus,
das Leben ist wie neu,
umhüllend deine Liebe,
und ich, ich bleib dir treu.

Wie warm ist deine Nähe,
wie heiß die Leidenschaft,
wie fließend die Bewegung,
wie stark der Liebe Kraft.

Wie sinnlich sind die Tage,
nur du und ich allein,
wir schenken uns die Liebe,
es kann nichts schöner sein.

Du süßes Wesen

Du Mensch, du Frau, du süßes Wesen,
du Liebling meiner Fantasie,
du bist so göttlich auserlesen,
du bist mein Grund für Poesie.

Vielleicht denkst du, dass ich dich meine,
du bist die Liebste, du allein,
die Augen wie zwei Edelsteine
erglänzen mir im Mondenschein.

Du bist voll Liebreiz, voller Güte,
es rast mein Herz, wenn ich dich seh,
du bist wie eine Lotosblüte,
du bist so zart wie eine Fee.

Du bist Erscheinung in den Träumen,
ein Märchenwesen fern vom Stern,
lass uns doch keine Zeit versäumen,
dein Prinz hat dich von Herzen gern.

Ozean der Liebe

Schwimmst du im Ozean der Liebe,
bist du total von ihr berührt,
du kannst mit deiner Seele tanzen,
und jeder deiner Sinne spürt

Umarmungen wie zartes Streicheln,
du fühlst dich wundersam und wohl,
was dir geschieht, das soll geschehen,
die Liebe zieht von Pol zu Pol.

Schwimmst du im Ozean der Sterne,
erleuchtet klar dein Liebeslicht,
dein Mitgefühl und dein Verstehen
erweitert ständig deine Sicht.

So füllt die Liebe leere Räume,
entfaltet ihr Vorhandensein,
im Ozean der wahren Liebe
bist zu keiner Zeit allein.

Das Glück ist wie ein Schmetterling

Das Glück ist wie ein Schmetterling,
es flattert hin und her,
und wenn es eine Blüte trifft,
dann freut es sich gar sehr.

Hab stets Geduld und gebe acht,
jag ihm nicht hinterher,
es kommt gewiss zu dir, mein Freund,
wenn die Gedanken leer.

Setz dich nur hin und sei ganz still
und warte eine Zeit,
das Glück ist wie ein Schmetterling,
bist du dafür bereit.

An die Unbekannte

Mein Herz steht hell in Flammen.
Siehst du den Feuerschein?
Es brennt vor lauter Sehnsucht.
Willst du die Eine sein?

Ich weiß, ich seh als Dichter
nicht wie Adonis aus,
doch trage ich die Liebe
weit in die Welt hinaus.

Du unbekannte Schöne,
ich seh dein Seelenlicht
und dass aus deinem Herzen
die wahre Liebe spricht.

Sie wird uns ewig einen,
die Träume werden wahr
die Nacht ist unser Zeuge,
so werden wir ein Paar.

Sehnsuchtsvoll

Im komme zurück mit struppigen Haar,
die Stunden mit dir so unbeschreibbar,
die Lippen so wund, das Herze so leicht,
die Liebe mit dir, die du mir gereicht,

die Liebe mit dir, was hast du getan,
sie sandte uns zwei direkt in den Wahn,
noch sind wir im Glück, das jeder genießt,
weil es uns direkt aus den Herzen fließt,

Und kaum bin ich hier, die Sehnsucht ist da,
vermisse ich dich, dein Halleluja,
wie heiß für mich deine Leidenschaft loht,
das süße Ende, der selige Tod.

Nahgedanken

Du kannst Entfernung einfach messen
du definierst, was nah und fern,
du kannst die Zeit zu Hilfe nehmen,
vielleicht ist das des Pudels Kern?

Spürst du in dir die wahre Liebe,
dann strahlst du selber Schönes aus,
was dich umgibt, hat einen Zauber,
den ziehst du in dein Herzenshaus.

Der Himmel ist dir plötzlich nahe,
ja, jeder Ort, den du so liebst,
du trägst den Liebsten stets im Herzen,
weil du aus dir die Liebe gibst.

Die Liebe macht die Wege kürzer,
ich hab es selber ausprobiert,
dann bist du stets in meiner Nähe,
so sind die Seelen konzipiert.

Nur die Liebe verändert die Welt

Spürst du die Liebe tief im Herzen?
Gerätst du trotzdem noch in Wut?
Empörst du dich und spürst Erregung?
Verurteilst du? Das ist nicht gut.

Geh tief in dich und such die Gründe
für Schmerz und Hass in deinem Ich,
das Kind in dir fühlt Emotionen
aus einer Zeit, die bitterlich.

Beginne nun, dein Herz zu öffnen,
verzeih dir selbst, der alten Zeit,
blick fühlend auf die Kreaturen,
du bist zur Heilung dann bereit.

Die Welt verändert sich durch Liebe,
sie bessert sich durch Empathie,
verschenke deine große Güte,
dann sind wir glücklich wie noch nie.

Begegnung

Zwei Herzen trafen sich am Ort
der Harmonie, sie schwangen sich
in wunderbaren Worten dort,
und so entstand die Poesie.

Zwei Seelen haben sich vereint
zu einem Paar, das küsste sich,
empfand den Geist der Ewigkeit
von nun an jedes Liebesjahr.

Zwei Wolken schweben durch den Raum
im Jetzt und Hier, erinnern uns
an jenen zauberhaften Traum,
der unser Liebessouvenir.

Ein tiefer Dank für all das Glück
in dieser Zeit, ich liebe dich,
du allerbestes Tortenstück
von jetzt bis hin zur Ewigkeit.

Kollegin schöne Poesie

Du setzt die Worte wie Magie
zu einem Märchen voller Elfen,
Marienkäfer schenken Glück
und Bilder wahrer Schönheit.

Wie du es tust, betört es mich,
Kollegin schöne Poesie,
die Sehnsucht sucht, das Herz wird weit,
die Flammen schlagen hoch empor.

Der Liebe folgt die Göttlichkeit,
wo Wörter sich durchdringen,
Kollegin schöne Fantasie,
der Dichter ist von dir entzückt.

Spaghettimagie

Die Fantasie kennt keine Grenzen:
die schöne Italienerin
trägt heut ein Kleid nur aus Spaghetti
und sieht so sexy aus darin.

Sie weckt den Appetit im Dichter,
der sehnsuchtsvoll ans Essen denkt,
verführerisch ist die Signora,
es ist, als sei er ferngelenkt.

Er liebt Spaghetti und die Frauen,
ihm fällt der Mastroianni ein,
wie leidenschaftlich ist das Leben,
rebellisch sollen Herzen sein.

Die Fantasie kennt keine Grenzen,
auf Wolken schweben sie dahin,
sie trägt ein Kleid nur aus Spaghetti
und sieht so sexy aus darin.

Ferien

Mein Leben ist mein Naturell,
um mich herum belebt mit Stille,
die Landschaft wie ein Aquarell,
vom Sommer singt entfernt die Grille.

Weit weg vom Denken ist das C.,
die Medien sollen mich verschonen,
mach ich sie aus, sind sie passé,
der Sommer kann mich so belohnen.

Ich atme ein, ich atme aus,
die Sinne nur der Hitze lauschen,
mein Leben liebt in Saus und Braus,
es möchte sich ganz still berauschen.

Ich bin so froh und medienfrei,
der Mittag schenkt mir tiefe Stille,
damit in mir auch Frieden sei,
ein kleines Liedchen zupft die Grille.

Willst du?

Willst du, dass wir im Kerzenschein
uns unsre Liebe zeigen,
glaubst du, dass unsre Augenglut
erweckt die tiefen Seelen?

Spürst du, wie Erdbeerlippen heiß
versüßen jene Stunde,
bis alle Leidenschaft entfacht
im Tal der tiefen Sehnsucht?

Und Hände stehen niemals still
im Raum der Zärtlichkeiten,
und Worte, die noch nie gehört,
erwecken wilde Beben.

Wir sind bald mit dem Kosmos eins,
die Herzen sich vereinen,
die Seelen sind in Harmonie,
wir beide sind die Glocke.

Entdecken wir das Himmelreich,
dann raubt es uns den Atem,
das Blut in unseren Adern kocht
bis hin zur Explosion.

Du weißt es, und ich weiß es auch,
man kann es nicht beschreiben,
willst du, dass wir im Kerzenschein
uns unsre Liebe zeigen?

An dich, mein Liebchen

Denkt mein Herz an dich, mein Liebchen,
wird die Sehnsucht angefacht,
jeder Puls weckt ein Entzücken,
das Begehren nach der Nacht.

Spürt mein Herz nur dich, du Schöne,
schwebt vor mir dein süßes Bild,
wird mein altes Dichterzimmer
sinnlich von dir angefüllt.

Träumt mein Herz von dir, Geliebte,
werde ich von dir beglückt,
nähert sich mir Leib und Seele,
die mich an den Busen drückt.

Kommt dein Herz zu mir, mein Liebchen,
winkt des Himmels Seligkeit,
meine Traumfrau bist du, Liebchen,
heute und für alle Zeit.

Das Fieber

Ich werde nicht von meiner Sehnsucht satt,
mein Mund will dich, du Heißgeliebte, küssen,
entblättern dich bis hin zum Feigenblatt,
und dich in unserm Paradies begrüßen.

Die Liebe quillt aus beiden Herzen heiß,
vier Hände okkupieren alle Zonen,
die Zungen sind bei ihrem Spiel ganz leis,
wir steigen auf, dorthin wo Götter thronen.

So Haut an Haut sind unsre Seelen eins,
wir wollen uns in vollem Umfang haben
und wissen nicht, was deins ist und was meins,
das Fieber ist's, woran wir uns heut laben.

Auswahl

Ich wähle dich aus all den Herzen,
du bist ein purpurn Diamant,
du schöne Fee, du süße Elfe,
du Königin aus fremden Land.

Ich übersäe dich mit Küssen
und schmecke Lippen, erdbeerrot,
erblühst wie eine Lotosblume,
stillst du so meine Liebesnot.

Liebkose ich die Pracht des Leibes,
der Himmel zündet Kerzen an,
wenn alle Träume sich erfüllen,
bist du die Frau und ich dein Mann.

Ich wählte dich aus all den Sternen
des Universums für mich aus,
du liebes Herz, du süße Seele,
willkommen hier im Dichterhaus.

Die Liebe kennt keine Zeit

Ich bin so glücklich, dass du da bist,
dein Herz ist meinem weiß Gott nah,
wie Honig schmecken deine Küsse,
die Zeit malt uns ein Mandala.

Die Sonne scheint uns auf die Leiber,
der Regen schenkt uns Sommerlust,
die Wolkenschafe ziehen weiter,
so ist die Liebe im August.

Wir tragen beide keine Uhren,
die Liebe weiß nicht um die Zeit,
wir wachen auf in tiefer Liebe
und spüren ihre Ewigkeit.

Wir sind uns nah, das macht uns glücklich,
am Tage und zur Sternennacht,
die Liebe kennt nicht Tag noch Stunde,
für uns entfaltet sie die Pracht.

Die Liebe taumelt

Die Liebe taumelt durch den Äther,
ein Regenbogen schenkt uns Lust,
verbreitet Hitze und dann Kälte,
bis deine Stimme freudig spricht.

Wir möchten auf den Worten schweben,
bis hin zu der Unendlichkeit,
wir beide sind auf Wolke sieben
und weinen Tränen voller Glück.

Die Blitze lassen Körper zucken,
wir fallen hoch hinauf ins All,
erstrahlen als die schönsten Sterne,
wo Liebe ohne Ende ist.

Dann hör ich deine Stimme rufen,
sie ist von Liebe ausgefüllt,
vor Freude könnte ich zerfließen,
ich kehre stets zu dir zurück.

Traum

Ich liege da und träume
im Schlafe oder wach,
verspüre tiefe Sehnsucht
nach Liebe tausendfach.

Da tritt ein süßer Engel
zu mir ins Zimmer ein,
er küsst mich mit den Lippen,
es kann nicht schöner sein.

Wir einen unsre Seelen,
sind ganz im Momentan,
dann stillen wir die Sehnsucht
bis hin zum Fieberwahn.

Es grüßen uns die Sterne,
wie selig ist die Welt,
wir liegen da und träumen,
Glück unterm Himmelszelt.

Dreierlei

Ich konnte mich heut nicht entscheiden,
die eine schwarz, die zweit blond,
und beide waren super sexy,
sie flirteten auch sehr gekonnt.

Die Dunkle hatte braune Augen,
ihr Lächeln hatte sehr viel Charme,
sie zog mich an mit ihren Blicken,
ich nahm sie einfach in den Arm.

Die Blonde konnte Augen klimpern,
das wirkte äußerst elegant,
ich musst sie ganz einfach küssen,
aus Leidenschaft hat sie gebrannt.

Ein Rotfuchs zwängte sich dazwischen,
mit grünen Augen wie Smaragd,
sie zeigte großes Interesse
an einem innigen Kontakt.

Ich wusste mich nicht zu entscheiden,
verlockend war das Angebot,
Lateiner sagen: carpe diem!
Doch nächtens kam ich doch in Not.

Ich küsste alle auf die Lippen,
das honigsüße Dreierlei,
dann suchte ich ganz schnell das Weite -
da war der Traum auch schon vorbei.

Was Frauen wollen

So gerne würde ich mal wissen,
was eine Frau so denkt und will,
was ihre allergrößte Sehnsucht,
ist ihre Fantasie nicht still.

Wie sieht sie wohl die Männerherzen?
Mag sie vielleicht ein Rollenspiel?
Liebt sie das Kribbeln süßer Küsse?
Worin sieht sie ihr Liebesziel?

Ist ihr die Lust zur Liebe peinlich?
Was törnt die Liebste wirklich an?
Wie mag sie ihre Liebesspiele?
Was kann ich tun als guter Mann?

Wie will sie den Genuss empfinden?
Ist sie zu ihrer Lust bereit?
Was könnte ihr denn gut gefallen?
Wie spüren wir die Leichtigkeit?

Im Glück

Es schlägt mein Herz vor Liebe leicht
wie Flügel eines Schmetterlings,
Gedanken steigen in die Luft,
sie schweben schwerelos ins Nichts.

Ich sehe dich und freue mich,
du schenkst mir einen schönen Tag,
dein Lächeln einer Blüte gleicht
in einem süßen Frühlingstraum.

Du Blütenfee, du Elfenkind,
du unglaubliche Märchenbraut,
dein Anblick geht mir durch und durch,
du bist mein Erdenparadies.

Und sprichst du seufzend Worte leis,
schaffst du mir eine Gänsehaut,
dann schlägt mein Herz vor Liebe leicht,
mein ganzes Dasein schwebt im Glück.

Liebe ist

Liebe ist ein stilles Leuchten,
ein Sich-Sehnen nach dem Du,
Liebe braucht die Seelennähe,
die der Leiber noch dazu.

Liebe ist ein warmes Geben
aus des Herzens tiefstem Kern,
Liebe schenkt uns Urvertrauen
so wie Sonne, Mond und Stern.

Liebe ist stets ohne Ende,
du und ich im Jetzt und Hier,
Liebe liebt auf Augenhöhe,
Achtsamkeit ist Passagier.

Liebe ist ein Respektieren,
sie lebt von Gelassenheit,
Liebe nimmt das Ich beiseite
und schenkt eine schöne Zeit.

Liebe ist so völlig einfach,
was manchmal so schwierig geht,
lieben möcht ich Tag und Nächte,
nur mit dir beim Tête-à-Tête.

Liebe möchte ich nur leben,
Liebe möchte ich stets sein,
Liebe wohnt in meinem Herzen,
Liebe ist wie Sonnenschein.

Kugelglück

Es war in alten Zeiten,
da war der Mensch noch rund,
er hatte zwei Gesichter,
vier Arme und vier Beine
und war vor Glück gesund.

Herr Zeus und seine Götter
erzürnten sich vor Neid;
der Mensch soll Götter loben,
doch nicht den Göttern gleichen,
so sprach die Obrigkeit.

So trat er vor die Menschen
mit Donner und mit Blitz,
zerschnitt den Mensch in Hälften,
damit er ihm gefügig
auf seinem Göttersitz.

So sucht seither der Halbe
nach seinem Gegenstück,
in Liebe sich zu einen,
die Herzen zu verbinden
bis hin zum Kugelglück.

Der Mann der Heilerin

Liebt er die schöne Heilerin,
gibt er der Liebsten Raum,
nur wenn er ihrem Wege folgt,
erfüllt er beider Traum

Liebt er die schöne Heilerin,
so liebt er die Passion,
er hält ihr gern den Rücken frei,
ihr Wirken ist ihm Lohn.

Liebt er die schöne Heilerin,
dann ist er mit ihr frei,
die Heilung folgt in Achtsamkeit
und Tantra ist dabei.

Liebt er die schöne Heilerin,
dann strömt die Energie,
er ist von ihr so fasziniert,
sie leuchtet wie noch nie.

Liebt er die schöne Heilerin,
dann ist ihm auch bewusst,
sie geht den Pfad zum Seelenheil,
in ihr wohnt Heilungslust.

Liebt er die schöne Heilerin,
dann denkt er stets daran,
wie göttlich ihre Heilkraft ist
in ihrem Zauberbann.

Feierlich

Die Liebe flutet durch die Venen
wie Flammen durch das Himmelsmeer,
wir leben unsre Jugendträume,
als wären sie ein Obstdessert.

Die Herzen wollen sich umschlingen,
ernähren sich von Küsseglut,
wir beide sind so liebestrunken,
vermischen unser Fleisch und Blut.

Es glüht pulsierend, fließt und leuchtet
um deine Aura und um mich,
wir haben diese Welt verlassen,
das Paradies ist feierlich.

Seelenleuchten

Meine Seele sehnt sich danach,
eins mit deiner heut zu sein,
schön ist sie aus der Entfernung,
schöner besser im Verein.

Meine Liebe sehnt sich danach,
dass sie dich verwöhnen kann,
Hände sollen auf dir wandern,
Küsse folgen irgendwann.

Deine Liebe möchte fliegen,
gib sie aus dem Herzen frei,
für sie gibt es keine Grenzen,
wo der Horizont auch sei.

Deine Seele möchte fühlen,
spüren, wie dein Herze lacht,
mit den Augen kann ich sehen,
wie sie leuchtet in der Nacht.

Begnadigungsersuchen

Ich werbe um dich, Königin,
und bringe dir das Glück,
wenn du mir deine Lippen schenkst
und deinen Augenblick.

Ich träume Tag und Nacht von dir
verspür dein Seidenhaar,
du bist so zärtlich, Königin,
mir wird so sonderbar.

Komm, öffne mir dein Himmelstor,
den Weg ins Paradies,
lass mich nicht länger einsam sein
in meinem Burgverlies.

Liebessegen

Willst du bei mir sein heute Nacht,
im Bett unter den Sternen?
Der Wind singt uns ein Liebeslied,
es leuchten die Laternen.

Wir sehen, was noch niemand sah,
wie sich die Wolken küssen,
der Mondmann lacht uns beiden zu
aus seinem Himmelskissen.

Wir beide sind am Leibe nackt
wie unsichtbare Geister,
die Hände streicheln liebevoll,
die Küsse sind die Meister.

Wenn später aus uns Liebe strömt
wie ein Kometenregen,
dann wissen wir es ganz genau:
die Liebe ist ein Segen.

Traumschaumbad

Ein Schaumbad lädt die Dame ein
mal ganz für sich allein zu sein,
das Bad wird vorher dekoriert,
mit schönen Dingen zart verziert.

Gedämpftes Licht und Kerzenschein,
ein Gläschen Sekt darf auch gern sein,
Musik läuft zur Gelassenheit,
Entspannung wirkt so weit und breit.

Ein Bad mit einem guten Duft
vermischt zu Schaum sich mit der Luft,
die Seele sich alsbald entspannt
in deinem Schaumbadmärchenland.

Es prickelt zärtlich süßer Schaum
zu einem wundersamen Traum,
in deiner kühnsten Fantasie
ist deine Liebe schön wie nie.

Morgensonne

Im Erwachen ist alles anders,
das Licht streichelt zärtlich-weich
über dein noch ruhendes Gesicht
eines schlafwarmen Engels.

Dein Atem schwingt in gebogenen Tönen,
die auf deiner Haut entlang fließen
wie ein Federstreicheln voller Liebe
über den Hals hin zu den Brüsten.

Deine Lider geben Zauberaugen frei,
dein Lächeln dekoriert den Morgen,
Erdbeerlippen schmecken nach Honig,
seidiges Haar berührt meine Haut.

An diesem sonnenroten Liebesmorgen
erfindet die Sinnlichkeit neue Wege
zartgleicher Berührungen und Worte
in unbekannten Leidenschaften.

Es spannt sich ein glühender Bogen
der Sinnlichkeiten im Zauber der Lust,
ein euphorischer Tanz der Liebe
zur exzessiven, ungezügelten Ekstase.

Liebe macht schön

Die Fantasie kennt keine Grenzen,
wenn ich nur deine Nähe spür,
dein Herz ist es, ich hör es sprechen
von Liebe, sie ist überall.

Und deine Stimme so erotisch,
dein unbekannter Augenblick,
doch weiß ich, ohne dich zu sehen,
du bist wie eine Elfe schön.

Die Worte, die ich von dir höre,
die Wahrheit, die uns beiden nah,
und Fantasie kennt keine Grenzen,
wo Liebe ist, da bist du schön.

Septembermorgen

Du Süße schaust mit mir
den Tropfen zu,
die leise tanzen,
im Märchenwald um uns
nur Trolle und die Feen
im fahlen Licht.

Wir lachen grundlos,
und die Herzen pochen
voller Liebe
am Septembermorgen,
weil die Reife
nun beginnt.

Voller Sehnsucht
saug ich deine Worte
von den Lippen,
Honigsüße tröpfelt
in den neuen Tag
wie Regenperlen.

Lebenselixier

Ich bin so voller Liebe
und liebe dich so sehr,
als wäre ich ein Bäumchen
und du mein Blütenmeer.

Ich bin so voller Liebe
und möcht dein Schatten sein,
dann sind wir eine Einheit,
mein lieber Sonnenschein.

Ich bin so voller Liebe,
extrem die Energie,
wie Blumen sind die Worte,
du meine Poesie.

Ich bin so voller Liebe
vom Herz bis hin zu dir,
der Wahnsinn hat Methode,
mein Lebenselixier.

Zuhaus

Offenbare deine Hügel,
zeige mir dein Wiesental,
lass die Küsse auf dir wandern,
bis in dir das Herze pocht.

Hülle mich mit deinem Leben,
decke mich mit Liebe zu,
pochen Herzen tief im Leibe,
Haar und Haut und Lippenspiel.

Bald entfachen wir das Feuer,
göttlich ist die Harmonie,
Geist und Seelen sich vereinen
hier und jetzt in Raum und Zeit.

Nach den Sternenexplosionen
breitet sich der Frieden aus,
eingehüllt in neues Leben,
ist die Liebe nun zuhaus.

Heute Nacht

Heute Nacht,
als ich nicht schlafen konnte,
haben deine Finger mich erkundet
und deine Brüste mich berührt.

Ich suchte
keine Frau, doch du warst bei mir
mit deiner geschickten Zunge,
als ich nicht schlafen konnte.

Gemeinsam
flogen wir zum Mond und zurück,
drehten eine Schleife um die Erde,
um hier in diesem Bett zu landen.

Dein Atem
ist voller Rosendüfte in der Nacht
der Liebe, die uns beschenkend einhüllt,
um uns nie wieder loszulassen.

Nur ein paar Fragen

Was würde dich als Frau erfreuen?
Was findest du besonders schön?
Wenn meine Hände dich berühren,
wo ist es dir denn angenehm?

Stell dir nur vor, du würdest träumen
und Fantasien würden wahr,
was würdest du dir heute wünschen,
was wäre für dich wunderbar?

Was hältst du denn von tausend Küssen
auf deiner seidenzarten Haut?
Wie schaffe ich dir einen Schauer,
hast du den Leib mir anvertraut?

Benutzt du gerne Requisiten?
Liebst du vielleicht ein Rollenspiel?
Verrätst du mir die süßen Zonen
auf deinen Weg zum Sehnsuchtsziel?

Magst du die Stille gern genießen?
Hörst du gern auch ein Flüsterwort?
Kannst du dich öffnen ohne Reue,
um selbst zu sein an diesem Ort?

Komm, sag mir alle deine Wünsche,
auf dass ich sie erfüllen kann,
du bist die Göttin meiner Liebe
und ich dein zartfühlender Mann.

Faszination der Schönheit

Nimmst du den Sinn von Schönheit
in deiner Seele mit,
begegnet sie dir häufig
auf Schritt und auch auf Tritt.

Du siehst das süße Mädchen,
ein Blitz schlägt bei dir ein,
und auch bei coolen Männern,
kann es dasselbe sein.

Es blüht dir eine Rose,
so schön ist der Moment,
es geht die Sonne unter,
als ob ein Feuer brennt.

Die Schönheit wird dich rühren
bis tief ins Herz hinein,
du wirst für eine Weile
ganz selbstvergessen sein.

In diesen lichten Zeiten
siehst du die Wirklichkeit,
dein Ego ist verschwunden,
dein Gott in dir bereit.

Die Liebe zeigt die Schönheit
und reduziert das Ich,
das Göttliche zu finden
ist außerordentlich.

Die schöne Muse

Im Traum erschien mir eine Göttin
von einem Schleier sanft umhüllt,
dann ließ sie ihre Seide fallen
und hat mit Schönheit mich erfüllt.

Ihr Haar war lang und voller Locken,
die Augen stolz in ihrem Blick,
die Lippen rot wie süße Kirschen,
sie war von Kopf bis Fuß sehr chic.

Sie hauchte: Ich bin deine Muse
und stehe hier im Rampenlicht,
sieh mich nur an und dann beschreibe,
was du jetzt siehst, in dem Gedicht,

ich kann des Dichters Hunger stillen,
ich füttre dich mit einem Mahl,
um der geschauten Schönheit willen,
schreibst Verse du nun ohne Zahl.

Ich drehte mich und träumte weiter,
da war die schöne Muse fort,
doch die Gedanken leben heiter
im abgefassten Dichterwort.

Die Sprachen der Liebe

Die Sprache heilt, drum lobe sie,
schenk Liebenswürdigkeiten,
ein Kompliment voll Sympathie
und sehr viel Dankbarkeiten.

Die Zweisamkeit in Achtsamkeit
schenkt wundervolle Stunden,
bewusst gelebt in Qualität,
hilft beiden zu gesunden.

Geschenke, die das Herz erfreut,
ganz zauberhafte Gaben,
weil wertgeschätzt und unverhofft,
möcht jeder gerne haben.

Wer möchte gerne Gutes tun,
wie kann er unterstützen?
Wer Hilfe gibt und nicht viel fragt,
der wird der Liebe nützen.

Berührungen und Zärtlichkeit
sind mehr als tausend Worte,
ein süßer Kuss mit Zartgefühl
der Weg zur Himmelpforte.

Ich liebe dich, du süße Maid,
will ich dir täglich sagen,
mit dir ist alles wunderschön
in Nächten und an Tagen.

Zärtlichkeit

Zärtlich küsst das Licht den Morgen,
innig liebt der Mond die Nacht,
achtsam streichelt Wind die Blätter,
auch der Regen fällt ganz sacht.

Zärtlich wiegt das Herz sein Baby,
eins ist Mama mit dem Kind,
sanft und gütig ihre Küsse
wie ein milder Frühlingswind.

Zärtlich fühlt der Herr die Dame,
seidig fällt ihr volles Haar,
kitzelt ihn zu Gänsehäuten
und dann werden sie ein Paar.

Zärtlich tönen Liebeslieder,
innig liebt es die Natur,
achtsam baut die Spinne Räder,
Tau baut eine Perlenschnur.

Eine Zauberin bist du

Weißt du, ich möchte dich lieben,
so wie du sprichst mit sanfter Stimme.
Dein flammendes Haar, deine Aura,
dein Licht, das die Welt erhellt.

Du Fee der erleuchteten Seele
hüllst mich ein mit deiner Liebe,
die Augen klar wie blaue Sterne,
du Mondin hell in meinem Tag.

Dein ganzes Sein wie eine Feder,
als wärest du die Schwanenfrau,
die treu der Liebe stets gewogen,
dein Herz spüre ich so nah.

Du Zauberin mit weißen Flügel
bis einem Engel allzu gleich,
du Supernova meiner Träume,
du stiller Frieden meines Seins.

Liebe Mondfrau

Liebe Mondfrau, heb den Schleier,
leuchte unsre Träume hell,
schaff das Paradies der Liebe,
sei des Glückes reiner Quell.

Lass uns tausend Jahre lieben,
danach steht doch unser Sinn,
wie im Himmel so auf Erden
geben wir uns innig hin.

Lass uns alte Leiden heilen,
bis die Seelen sind gesund,
liebe Mondfrau, oh Geliebte,
und dann feiern wir den Bund.

Dunkelblau war heut der Himmel,
du schienst lächelnd zu mir her,
liebe Mondfrau, Heißgeliebte,
komm, wir fliehn ins Sternenmeer!

Inspiration und Sinnlichkeit

Betreten wir das Reich der Sinne
mit einem allerersten Kuss
und lassen uns so inspirieren,
dann kommt, was kommen darf und muss.

Die Lippen aufeinander tanzen,
dann küssen sie die süße Haut,
die Augen zu, die Hände finden,
das Neue und das, was vertraut.

Und alles, was in unsrer Sehnsucht,
wird plötzlich für uns offenbar,
wir spielen wie verliebte Kinder
das Spiel, das einfach wunderbar.

Wir flüchten uns in neue Welten,
und tanzen wild auf dem Vulkan,
wir sterben tausend kleine Tode
und explodieren nymphoman.

So schön wie Morgenröte

Du triffst in Facebook einen Menschen,
der dir durch seine Art gefällt,
du hast kein Bild, nur seine Aura,
schon wird die Fantasie bestellt.

Und du genießt die schönen Worte,
du spürst, er hat ein gutes Herz,
die Fantasie beginnt zu malen,
die Pinsel eilen himmelwärts.

Ein Märchenwesen wird entstehen,
das macht dir alle Wünsche wahr,
wenn Herz und Seele nun verschmelzen,
dann ist das Leben wunderbar.

Du bist verliebt, du kannst nichts machen,
die Liebe ist halt überall,
sie ist so schön wie Morgenröte
und sie erwischt dich Knall auf Fall.

Schöne Nacht

Die Welt ist voller Wunder,
die Liebste voll Magie,
sie geht an mir vorüber,
ihr Duft ist Poesie.

Sie zieht mich an hypnotisch,
wie Gold erglänzt ihr Haar,
die süßen Erdbeerlippen
betören mich fürwahr.

Sie flüstert Liebesworte,
berührt mich mit der Hand,
die brennend heißen Küsse
entfachen schnell den Brand.

Ein heftiges Gemenge
sich schnell daraus entfacht,
nun will ich lieber schweigen,
so schön ist diese Nacht.

In der Stille der Nacht

Ein kaum hörbares Rauschen
durchfließt mir den Verstand,
das Herz schlägt still und ruhig
in meinem Heimatland.

Mein Atem ist verhalten
und fließt zur Nacht hinein,
ich liebe heiß und innig
des Neumonds dunklen Schein.

Ich ahne deine Nähe,
geliebte Engelsbraut,
ich spüre deine Lippen
und deine warme Haut.

Es ruhen unsre Lider,
wir sind im Jetzt und Hier
so unbeschreiblich glücklich,
die Liebe mein Pläsier.

Du

Du liebst die Liebe und die Küsse,
du bist so voller Leidenschaft,
die Poesie in deinem Herzen
verschafft mir oftmals Gänsehaut.

Du offenbarst mir deine Träume
in Himmeln voller Fantasie,
Gefühle sind wie Meereswellen,
die Brandung wirft sie an den Strand.

Du lädst mich ein zu Abenteuern
und schenkst mir deinen Augenblick,
du Seidenhaar, du Lippenröte,
du saugst mich in dein Herz hinein.

Du Herzensschöne, Weltentrückte,
du Spannkraft der Geschmeidigkeit,
du Göttin aus dem Universum,
mit dir bin ich im Paradies.

Liebesglück

Die Liebe tut uns allen gut,
sie ist ein wunderbares Glück,
sie fließt durch unser aller Blut,
denn sie ist Gottes Meisterstück.

Sie ist ein zauberhafter Traum,
mit ihr erblüht die Leidenschaft,
so eilt sie stets durch Zeit und Raum,
verleiht uns allen große Kraft.

Die Liebe jede Grenze bricht
und alle Lasten werden leicht,
aus Dunkelheit wird plötzlich Licht,
wo sie die Harmonie erreicht.

Die Liebe schenkt uns Liebeslust,
ein Lächeln, eine Freundlichkeit,
und werden wir uns selbst bewusst,
dann lieben wir nun alle Zeit.

Von der Schönheit der Frauen

So schön wirken die Frauen,
wenn sie authentisch sind
mit Leidenschaft im Herzen
und Wildheit wie ein Kind.

Sie haben eine Aura
und leuchten von allein,
da wünscht man sich von selber,
ganz nah bei ihr zu sein.

Sie brauchen keine Sonne,
aus ihnen strömt ein Licht,
sie sind avantgardistisch,
verrückt aus meiner Sicht.

Sie sind so voller Liebe
und extraordinär,
ja, schöne Frauen haben
ein unglaubliches Flair.

Im Fluss der Gefühle

Wenn Gefühle fließen
durch Zeit und Raum,
macht sich die Stille
der Liebe breit,
sie beflügelt die Hände,
befeuchtet die Lippen,
die einander berühren
wie Haut, Haar und Feder,
so dass Gänsehaut sich
heiß-kalt über den Körper
ausbreitet, es ist,
als ob die Seelen
den Körper verlassen,
die Flut der Lüste schwillt
an und ab und steigert sich
im Sturm der Leidenschaft,
und endet im Meer der Stille.

Die gefiederte Schlange

Du bist so vieles außer Muse,
du zündest mir alltäglich Funken
in meinen allerliebsten Träumen,
ich fass es nicht, ich habe Angst,

dich eines Tages zu verlieren,
du bist wie eine Klapperschlange,
jedoch mit vielen bunten Federn,
du wedelst meine Seele auf.

Aus dir entsprießen die Visionen,
die Augen funkeln vor Erregung,
was manchem fremd, ist eher seltsam,
du sprichst mir im Poetenton.

Komm, lass uns alle Sinne beben,
um Leib und Seele zu verschweißen,
den Belzebuben exorzieren,
die Liebe tragen in die Welt.

Märchenhafter Morgen

Was redest du so märchenhaft
an diesem frühen Morgen
von Küssen und von Seidenhaut
und süßen Zärtlichkeiten.

Ich spüre diesen zarten Duft,
die zauberhafte Nähe,
die Melodie der Liebeslust
erfreut mir Herz und Seele.

Du ziehst mich an mit einem Kuss,
ich zieh dich aus mit Küssen,
wie herrlich ist die Ewigkeit
vereint in unsren Seelen.

Wir sind die Reichsten auf der Welt,
wenn alles wir verschenken,
wenn wir verlieren uns im Nichts,
wenn wir der Liebe danken.

Nur für die Ekstase

Ich seh am Tisch dich sitzend schreiben,
dein langes Seidenhaar ein Vorhang,
dein Mund geöffnet, deine Augen geweitet,
dein Teint so schön in Bronze.

Ich sitze auf der Couch und sehe dir zu
und verteile magische Geschenke an dich,
ein merkwürdiger Schmerz durchfährt mich,
Sehnsucht, dein träumendes Haar zu fühlen.

So mysteriös erscheinst du mir, ausweichend,
wie ein gläserner Vogel auf einer jungen Birke,
jede deiner Bewegungen ist Sinnlichkeit,
deine feurigen Augen ein Hypnotiseur.

Betörend wie schwimmende Wasserlilien
blickst du mich in deiner Liebe an,
ich möchte nur noch für die Ekstase leben,
gemäßigte Liebe lässt mich kalt.

Das Schönste der Welt

Dein Glück erblüht dir tief im Herzen,
die Liebe ist ein Teil von dir,
du bist ein Stern im Universum
und auch ein Zeitenpassagier.

Die Liebe musst du nicht verdienen,
sie ist für dich bedingungslos,
du brauchst auch nichts dafür zu leisten,
wer dich nicht liebt, den lasse los.

Die Liebe fordert keine Mühsal,
sie ist die Kür, nie eine Pflicht,
warum ist keine gute Frage,
die Sonne scheint und spendet Licht.

Die Liebe kannst du niemals kaufen,
mit Taten nicht und nicht mit Geld,
die Liebe wohnt in deinem Herzen,
sie ist das Schönste auf der Welt.

An die Unbekannte

Du Unbekannte ohne Antlitz,
du Fremde bist mir nah und fern,
das Glück hat tausende Gesichter
und leuchtet mir vom andern Stern.

Du Poesie in lieben Versen,
die mich tagtäglich nun erfreut,
du kunterbunter Regenbogen,
der seine Strahlen auf mich streut.

Ich freue mich, du schöne Stimme,
und werde dauernd inspiriert,
den Musenkuss gibst du dem Dichter,
der dich mit Versen honoriert.

Verrückt bin ich, doch jung im Herzen,
ich freue mich auf jeden Tag,
du Poesie in lieben Versen,
ich spüre deinen Flügelschlag.

An die Schöne

In meinen Träumen, o du Schöne,
möcht ich dich loben für dein Haar,
für deine Augen, deine Lippen,
und für dein Lächeln wunderbar.

Wie zauberhaft sind die Konturen,
wie Lebenslichter deine Brust,
wie Mohne schwingen deine Hüften,
so provozierst du meine Lust.

Wie Parallelen sind die Beine,
wie schmal und klein erscheint dein Fuß,
und deine beiden Apfelhälften
entbieten mir den schönsten Gruß.

Du blühst wie eine Lotosblüte,
dein Duft ist einfach zauberhaft,
und wenn du meinen Namen flüsterst,
entbrennt in mir die Leidenschaft.

Feenwesen

Ich seh dich an, du Feenwesen,
du reines Wunder der Natur,
mit blauen Augen, roten Haaren
und einer Paradiesfigur.

Ich weiß nicht, wer hat dich erschaffen,
du scheinst dem schönsten Engel gleich,
dir fehlen nur die weißen Flügel,
du Wesen aus dem Himmelreich.

Wer dich erblickt, der muss dich lieben,
allein dein Liebreiz mich verzückt,
ich werde dir wohl nie begegnen,
doch hat dein Anblick mich beglückt.

Für immer leicht

Ach, komm zu mir in meine Nähe,
ich liebe deinen süßen Duft,
wenn wir sensibel uns berühren,
vibriert im Raum die Abendluft.

Ach, komm zu mir in meine Mitte,
die Liebe gibt uns beiden Kraft,
sind Herzen erst in Resonanzen,
dann wirbelt hoch die Leidenschaft.

Ach, komm zu mir in eine Tiefe,
die niemals wurde je erreicht,
das Sein sprengt alle Dimensionen,
zu leben wird für immer leicht.

Außer Rand und Band

Ich liebe deinen süßen Duft,
verwebt mit Haut und Haar,
so angereichert ist die Luft,
das reicht wohl für ein Jahr.

Ich liebe deinen Erdbeermund,
so süß schmeckt mir dein Kuss,
beküsse mich nur jede Stund
und mache niemals Schluss.

Ich liebe deinen Engelsblick,
der zärtlich mich liebkost,
durch diesen kleinen Zaubertrick
die Liebe mich umtost.

Ich liebe deine zarte Hand
und deinen warmen Leib,
ich bin ganz außer Rand und Band,
dass du mein schönes Weib.

Ein Engel

Ich seh dich an
und denk: ein Engel
begegnet mir zum ersten Mal,
es stockt mein Herz,
ich kann nur staunen
und bin verwirrt ganz kolossal.

Dein Lächeln ist
so rein und lieblich,
die Augen leuchten sternenklar,
dein Haupt umspielt
von Seidenlocken,
da wird mir selbst ganz sonderbar.

Die Liebe weht
von deiner Aura
wie ein Orkan in mich hinein,
ach könnte ich,
du süßer Engel,
für immer dein Begleiter sein.

Der Morgen danach

Welch eine Nacht, wo Amor
spannte seinen Bogen
und schoss uns einen Pfeil
ins Herz.

Wie Wolken war das Bett,
wo heiter Blitz und Donner
krachten hin zur Wonne
allen Fleisches.

Wie Regen flossen unsre
Seelen ineinander,
zu leben und zu sterben
voller Glück,

um dann zur ruhen
in Morpheus süßen Armen,
der Morgen danach
spiegelt dein Lächeln.

Süßes Flüstern

Süßes Flüstern früh am Morgen,
Liebesworte nur für dich,
Heiterkeit ganz ohne Sorgen,
Sommersonne sicherlich.

Träume, die der Sehnsucht lauschen,
Liebe pocht aus tiefer Brust,
lass uns zügellos berauschen
an der großen Liebeslust.

Liebe breitet ihre Schwingen
über unsre Leiber aus,
es ist, als ob Englein singen,
Eros spendet viel Applaus.

Was soll mit mir geschehen?

Du hast mich tief, so tief berührt
ganz tief in meinem Herzen,
dein Lächeln ist dem Engel gleich.
Was soll mit mir geschehen?

Du trägst die Welt auf deiner Haut,
und lädst mich ein zu lesen,
du schaust mich an mit diesem Blick.
Was soll mit mir geschehen?

Wär ich ein Maler, malte ich
ein Bild in vielen Farben
von dir, mein bunter Schmetterling.
Was soll mit mir geschehen?

Du bist so schön geheimnisvoll,
durchleuchtet von der Seele,
die Götter führten dich zu mir.
Was soll mit mir geschehen?

Glückseliger Traum

In dieser wunderbaren Nacht
war meine Seele unterwegs,
sie tauchte in das Gestern ein
und zeigte einen Sommertraum.

Einstmals war ich als Ingenieur
wohl ganz besonders kreativ,
ja, die Idee war exzellent,
drum sprach ich die Kollegin an.

Die war ganz plötzlich wunderschön
mit mittellangem roten Haar
und Sommersprossen im Gesicht,
die Augen blau, wie Wasser klar.

Da war es bald um mich geschehn,
ich küsste ihren Erdbeermund,
ein Blitz schlug in die Herzen ein,
da wachte ich glückselig auf.

Lebensfreude

Ich seh die Frau im Regen tanzen,
die Freude spiegelt ihr Gesicht,
ihr Kleid, geformt vom schönen Körper,
von großen Leidenschaften spricht.

Die Tropfen schlagen große Blasen,
sie hüllen ihren Körper ein,
das Barfußtanzen auf der Wiese
zeigt Lust und Liebe im Verein.

Nun hüpft das Herz mir auch im Leibe,
die Füße springen selbst hinaus,
die Frau und ich im Regen tanzen
die Lebensfreude aus uns raus.

Das Lächeln der Sterne

Ich liebe dich endlos
zum Himmel zurück,
du bist meine Sehnsucht,
natürlich mein Glück.

Nun ist es September,
und warm ist dein Schoß,
es lodert die Liebe,
was klein war, ist groß.

Ich schenk dir mein Leben,
bin selber im Wahn,
wie groß ist die Wonne,
du Liebesvulkan.

Vereint in der Liebe,
gibt es kein zurück,
das Lächeln der Sterne
beweist unser Glück.

Guten Morgen, Allerliebste

Guten Morgen, Allerliebste,
traumversunken liegst du hier
und die Liebe sagt mir: Küss sie!
zärtlich und doch voller Gier.

Guten Morgen, Allerliebste,
weißt du, du bist engelhaft,
und so küss ich dich, du Venus,
wecke deine Leidenschaft.

Guten Morgen, Allerliebste,
weiter geht das Liebesspiel,
wir verknoten unsre Leiber,
unser Einssein ist das Ziel.

Guten Morgen, Allerliebste,
bald sind wir dem Himmel nah,
wenn die Sterne explodieren,
ist in uns die Liebe da.

Süßes Geheimnis

Niemand wird den Duft erfahren
von dem Lotos auf dem Bauch
und dem Kolibri der Lippen
und der Seide zarten Hauch.

Zarte Schmetterlinge schlafen
blumenbunt in deinem Haar,
hell erstrahlt des Mondes Hüfte,
wird für uns die Liebe wahr.

Süßer die Orangen schmecken,
und sie steigern meine Lust,
was du aussähst, wird geerntet
von dem Gipfel deiner Brust.

Zauberhaft dein Garten Eden,
wo die Liebe sich ergießt,
niemand wird den Duft erfahren,
der aus deiner Rose fließt.

Ich möchte und muss

Ich muss so oft an Frauen denken,
an die und die und die und die,
ich möchte ihnen Liebe schenken -
soweit die Dichterfantasie.

Ich möchte gerne Frauen küssen,
erst die und die, dann die und die,
und sie mit aller Kunst verführen,
natürlich auch mit Poesie.

Wenn ich die schönen Frauen sehe,
dann ist es schnell um mich geschehn,
ich möchte all die Frauen lieben,
erst eins, dann zwei, dann drei, dann zehn.

Melodie der Liebe

Die Augen lachen,
singen mir ein Lied
von Herz und Seele,
bis das Glück geschieht.

Die Hände kosen
zärtlich alle Haut,
geliebte Wesen
sind sich wohl vertraut.

Die Zungen spielen
ihr geübtes Spiel,
im großen Fühlen
finden sie ihr Ziel.

Die Ströme schwellen,
lodern auf in Rot,
die Lieder klingen
vor dem kleinen Tod.

Der Wahnsinn wildert
in der Sternennacht,
bis alle Sinne
haben es vollbracht.

Die Leiber zittern
eine Melodie,
es ist die Liebe
heut so schön wie nie.

Für immer mein

Mein Herz will ich dir geben,
darin erglüht ein Licht,
ein Licht vom süßen Leben,
das liebend zur dir spricht:

»Du sollst in meinem Feuer
auf ewig bei ihm sein,
ein Liebesabenteuer
gehört zum Glücklichsein.

Bald fängst du an zu brennen
in einem Flammenrot,
du kannst es Liebe nennen,
die Liebe bis zum Tod.

Der Tod ist nicht das Ende,
das Licht wird ewig sein,
so weiß es die Legende,
du bleibst für immer mein.«

Die Liebe ist es

Als ich heute Nacht unter den Sternen
erwachte, spürte ich deine Seele bei mir.
Und mir war, als wäre sie in ihrer Kindheit
mit der meinen vor tausenden von Jahren in
ein und demselben Raum aufgewachsen.

Später trennten sie sich. Beide zogen
um die Welt, die deine in die eine Richtung,
die meine in eine andere. Jede für sich
erlebte wunderbare Abenteuer, begegnete
weiteren Seelen, weinten und lachten.

Beide erfreuten sich an den Sternen des Himmels,
den Spitzen der Berge, den Tiefen der Meere
und der Schönheit der unendlichen Liebe.
Und sie beteten für uns, dass wir zu uns finden
auf unseren Wegen zu Gott.

Im Licht der aufgehenden Sonne wurde mir klar,
wie reichlich sie uns beschenken
und ich weinte vor Freude und Glück,
denn ich weiß, dass es die Liebe ist,
die sich in ihrer Unendlichkeit in uns ausbreitet.

Die Mondfrau

Ich liebe dich, du schöne Frau,
wie du verzückt vom Himmel lachst,
und über meine Liebe wachst
und frei und schön bist wie ein Pfau.

Du wandelst jeden Augenblick,
liebst leidenschaftlich intensiv
und bist unglaublich attraktiv,
mal super schlank, mal rund und dick.

Du reist stets um die halbe Welt
mit deiner Seelenleidenschaft,
du gibst von deiner Zauberkraft
und leuchtest hell vom Himmelszelt.

Du bist wie eine Träumerin
und zeigst der Liebe ihren Pfad,
mit deiner allerbesten Tat
gibst du dem Leben einen Sinn.

Du bist so wild und voller Lust,
sensibel und so liebevoll,
ich bin so gerne dein Apoll,
du hast es nur noch nicht gewusst.

Du brennst vor Liebe lichterloh
und füllst den großen Ozean
mit Tränen aus der Umlaufbahn,
ich liebe dich und deine Show.

Engelszunge

Wie schön klingt deine sanfte Stimme,
sie ist wie Harfenklang im Ohr,
ja so wie leises Blätterrauschen,
als sänge mir ein Engelschor.

Ich könnte Stund um Stunde lauschen,
so zärtlich weich erscheint ihr Klang,
komm, sprich ein wenig für mich weiter,
verführe mich ein Leben lang.

Die Liebe schwingt aus deinen Worten,
wie eine Feder schwebt sie hin,
ich fühle mich von ihr gestreichelt,
als gäb es keinen andren Sinn.

Lass mich im Klang der Worte baden,
tauch mich in deinen Singsang ein,
wie schön klingt deine Engelszunge,
in meinem Herz soll Frieden sein.

Bis zum Göttlichen

Ich sehne mich nach deinem Körper,
verzehre mich nach deiner Haut,
ich fiebere nach all den Dingen,
die mir so wunderbar vertraut.

Ich bin verrückt nach Zärtlichkeiten,
nach Küssen, die wie Honig süß,
nach deinen Kribelkrabbelfingern
nach Shangri-La, dem Paradies.

Ich möchte dich so sanft berühren,
mit Lippen, Zunge und der Hand,
ich möchte dich zum Glück hinführen
in ein dir unbekanntes Land.

Geschwind

Du wünschst dir wahrhaft tiefe Liebe,
jedoch verbirgst du dein Gesicht
oft hinter einer Narrenmaske,
dahinter scheint dein Herzenslicht.

Du bist so ängstlich, dich zu zeigen,
wie du in Wahrheit wirklich bist,
stattdessen trägst du eine Maske,
das ist des Egos alte List.

Du schminkst dich, rötest deine Lippen,
verbirgst die wahrhafte Natur,
du meinst, dein Liebreiz wäre außen,
und folgst der Schönheitsdiktatur.

Sei, wie du bist, zeig Emotionen,
sei offen wie ein kleines Kind,
wir brauchen keine Maskerade,
es folgt die Liebe ganz geschwind.

Inhaltsverzeichnis

Weitere lieferbare Titel aus dem
Cherusker Verlag Langwedel

Roland Pöllnitz

Nepal – im Land meines Bruders
(Reiseerzählung)

Books on Demand 2020
204 Seiten, broschiert 14,99 €*
ISBN 9783751977319

Roland Pöllnitz

Die Zeit kennt nur die Ewigkeit
(Gedichte)

Books on Demand 2020
162 Seiten, broschiert 14,99 €*
ISBN 9783752894370

Roland Pöllnitz

Liebe ohne Ende – Band 4
(Das längste Liebesgedicht der Welt)

Cherusker Verlag Langwedel 2017
350 Seiten, broschiert 20,87 €*
ISBN 978-0-2440-2396-6

Roland Pöllnitz

Ein Schneeglöckchen zum Valentin
(Gedichte)

Cherusker Verlag Langwedel 2019
182 Seiten, broschiert 17,50 €*
ISBN 978-0-2442-1198-1

Roland Pöllnitz

Das süße Gift der Begierde
(Gedichte)

Cherusker Verlag Langwedel 2018
182 Seiten, broschiert 15,00 €*
ISBN 978-0-2441-1747-4

Roland Pöllnitz

Das Geheimnis des Glücks
(Gedichte)

Cherusker Verlag Langwedel 2018
312 Seiten, broschiert 17,12 €*
ISBN 978-0-2449-9932-2

Roland Pöllnitz

Buch der Liebe
(Gedichte)

Cherusker Verlag Langwedel 2017
254 Seiten, broschiert 17,12 €*
ISBN 978-0-2446-3554-1

Roland Pöllnitz

Liebe ohne Ende – Band 3
(Das längste Liebesgedicht der Welt)

Cherusker Verlag Langwedel 2017
350 Seiten, broschiert 20,87 €*
ISBN 978-0-2440-2396-6

Roland Pöllnitz

Sie lügen uns an!
(Gedichte)

Cherusker Verlag Langwedel 2017
152 Seiten, broschiert 16,04 €
ISBN 978-1-3266-0566-7

Roland Pöllnitz

Lasst stets Weihnachtsfriede sein
(Weihnachtsgedichte)

Cherusker Verlag Langwedel 2015
152 Seiten, broschiert 10,65 €
ISBN 978-1-3264-7548-2

Roland Pöllnitz

In Rausch des Daseins
(Gedichte)

Cherusker Verlag Langwedel 2015
230 Seiten, broschiert 10,65 €
ISBN 978-1-3264-0352-2

Roland Pöllnitz

Liebe ohne Ende – Band 2
(Das längste Liebesgedicht der Welt)

Cherusker Verlag Langwedel 2014
350 Seiten, broschiert 19,50 €*
ISBN 978-0-2448-6413-2

Roland Pöllnitz

in Liebe aus Langwedel
(Gedichte)

Cherusker Verlag Langwedel 2013
276 Seiten, broschiert 19,80 €
ISBN 978-1-2915-3408-5

Rajymbek

Tian Shan
Die Trilogie

Cherusker Verlag Langwedel 2013
464 Seiten, broschiert 26,70 €*
ISBN 978-1-2912-9941-0

Rajymbek

Das gebrochene Herz

Cherusker Verlag Langwedel 2013
192 Seiten, broschiert 17,12 €*
ISBN 978-1-2912-5279-8

Roland Pöllnitz

Ein Rosenmärchen (Gedichte)

Cherusker Verlag Langwedel 2012
80 Seiten, broschiert 10,65 €*
ISBN 978-1-4717-1179-4

Roland Pöllnitz

Liebe ohne Ende – Band 1
(Das längste Liebesgedicht der Welt)

Cherusker Verlag Langwedel 2012
342 Seiten, broschiert 19,00 €*
ISBN 978-0-2442-6413-0

Rajymbek

Das Weserlamm (Gedichte)

Cherusker Verlag Langwedel 2011
248 Seiten, broschiert 19,22 €*
ISBN 978-1-4709-1991-7

Rajymbek

Auf der Suche nach meinem Ja
(Gedichte)

Cherusker Verlag Langwedel 2010
244 Seiten, broschiert 18,14 €*
ISBN 978-1-4476-5913-6

Rajymbek

Das Geschenk des Schamanen
(Erzählungen und Gedichte)

2. Aufl. Cherusker Verlag Langwedel
216 Seiten, broschiert 18,73 €*
ISBN 978-1-4476-7489-4

Lydia Kirchesch

Schritt für Schritt und nichts bereut
(Gedichte)

Cherusker Verlag Langwedel 2009
252 Seiten, broschiert 15,00 €*

Rajymbek

Der geile Poet
(Erotische Gedichte mit Grafiken von
Peter C. Kreuzburg)

2. Aufl. Cherusker Verlag Langwedel
246 Seiten, broschiert 18,37 €*
ISBN 978-1-2915-2431-4

Rajymbek

Der Schuh am Baikalsee
(Reiseroman)

2. Aufl. Cherusker Verlag Langwedel
321 Seiten, broschiert 21,35 €*
ISBN 978-1-4476-7488-7

Rajymbek

Feuerrad
(Gedichte)

2. Aufl. Cherusker Verlag Langwedel
254 Seiten, broschiert 19,80 €*
ISBN 978-1-2914-3589-4

Rajymbek

Die kleine, weiße Stupa
(Gedichte)

2. Aufl. Cherusker Verlag Langwedel
278 Seiten, broschiert, 18,19 €*
ISBN 978-1-291-35922-0

Rajymbek

Wolkendrache
(Reiseerzählung)

2. Auflage Cherusker Verlag
Langwedel
168 Seiten, Broschiert, 16,00 €
ISBN 978-1-4717-8002-8

Rajymbek

Eine Nacht auf dem kahlen Berg
(Reiseerzählung)

2. Auflage Cherusker Verlag
Langwedel
86 Seiten, Broschiert, 10,59 €
ISBN 978-1-3262-7496-2

Rajymbek

Die Perle vom Tian Shan
(Reiseerzählung)

2. Auflage Cherusker Verlag
Langwedel
96 Seiten, Broschiert, 14,98 €*
ISBN 978-1-4476-5913-6

Roland Pöllnitz

Vier plus Eins
(Erzählungen)

2. Aufl. Cherusker Verlag Langwedel
178 Seiten, broschiert, 16,00 €*
ISBN 978-1-291-50945-8